Anne van Stappen

Caderno de exercícios para se afirmar e ousar enfim dizer não

Ilustrações de Jean Augagneur

Tradução de Stephania Matousek

EDITORA VOZES

Petrópolis

© Éditions Jouvence S.A., 2011
Chemin du Guillon 20
Case 143
CH-1233 — Bernex
http://www.editions-jouvence.com
info@Editions-jouvence.com

Tradução do original em francês intitulado *Petit cahier d'exercices pour s'affirmer et enfin oser dire non*

Direitos de publicação em língua portuguesa — Brasil: 2014, Editora Vozes Ltda.
Rua Frei Luís, 100
25689-900 Petrópolis, RJ
www.vozes.com.br
Brasil

Todos os direitos reservados. Nenhuma parte desta obra poderá ser reproduzida ou transmitida por qualquer forma e/ou quaisquer meios (eletrônico ou mecânico, incluindo fotocópia e gravação) ou arquivada em qualquer sistema ou banco de dados sem permissão escrita da editora.

CONSELHO EDITORIAL

Diretor
Volney J. Berkenbrock

Editores
Aline dos Santos Carneiro
Edrian Josué Pasini
Marilac Loraine Oleniki
Welder Lancieri Marchini

Conselheiros
Elói Dionísio Piva
Francisco Morás
Gilberto Gonçalves Garcia
Ludovico Garmus
Teobaldo Heidemann

Secretário executivo
Leonardo A.R.T. dos Santos

Editoração: Andréa Dornellas Moreira de Carvalho
Projeto gráfico: Éditions Jouvence
Arte-finalização: Sheilandre Desenv. Gráfico
Capa/ilustrações: Jean Augagneur
Arte-finalização: Editora Vozes

PRODUÇÃO EDITORIAL
Aline L.R. de Barros
Marcelo Telles
Mirela de Oliveira
Natália França
Otaviano M. Cunha
Priscilla A.F. Alves
Rafael de Oliveira
Samuel Rezende
Vanessa Luz
Verônica M. Guedes

ISBN 978-85-326-4806-8 (Brasil)

ISBN 978-2-88353-870-2 (Suíça)

Este livro foi composto e impresso pela Editora Vozes Ltda.

Dados Internacionais de Catalogação na Publicação (CIP)
(Câmara Brasileira do Livro, SP, Brasil)

Van Stappen, Anne
    Caderno de exercícios para se afirmar e enfim ousar dizer não / Anne van Stappen; ilustrações de Jean Augagneur ; tradução de Stephania Matousek. — Petrópolis, RJ : Vozes, 2014. — (Coleção Cadernos: Praticando o Bem-estar)

    Título original : Petit cahier d'exercices pour s'affirmer et enfin oser dire non
    Bibliografia.

    9ª reimpressão, 2024.

    ISBN 978-85-326-4806-8

    1. Autoconfiança 2. Autoconhecimento I. Augagneur, Jean. II. Título. III. Série.

14-03847   CDD-158.1

Índices para catálogo sistemático:

1. Autoconfiança : Psicologia aplicada   158.1

Introdução

Viver sendo plenamente você mesmo é possível e, para consegui-lo, não precisa esperar amanhã ou o próximo **workshop** de comunicação ou de cura do que quer que seja. É aqui e agora, no nosso cotidiano, que temos de encontrar uma maneira de nos sentirmos bem com nós mesmos, posicionando-nos ao mesmo tempo face aos outros. Mesmo que isso signifique às vezes dizer não.

Afirmar-se, sendo sincero com delicadeza, no intuito de preservar suas relações parece ser para alguns de nós uma atitude de vida tão complexa de se adotar que muitos preferem desistir dela, mesmo que isso signifique desmilinguir-se lentamente de tanto negar seus impulsos profundos. No entanto, nesta época turbulenta, é sensato se perguntar se vale mais a pena levar uma vida sem riscos, mas insossa, ou então experimentar uma existência na qual você se aventura por terrenos às vezes perigosos... mas sendo movido por uma flama interior, pois você permanece fiel a si mesmo e aos seus valores. Sem esquecer que não há nada mais "inspirador" do que uma pessoa que afirma suas opiniões sem magoar ninguém!

Além disso, embora tenhamos medo de comprometer nossas relações quando nos permitimos ser nós mesmos, é justamente essa iniciativa que as preserva. De fato, apagar-nos diante dos outros provoca tanta negatividade e cansaço para todos que, mais cedo ou mais tarde, teremos de pagar um preço, como doenças, exasperação ou rupturas, que acontecem quando um dia acordamos e percebemos que já fomos bonzinhos **demais** ou já sofremos **demais**...

Se você não aguenta mais pedir demissão de si mesmo(a), se você se desliga tantas vezes de seus desejos, parecendo uma **pessoa gentil e (quase) morta,** ou se, de tanto tentar agradar a todo o mundo, você se tornou um **monstro ambulante,** este caderno de exercícios lhe será de grande utilidade, pois foi concebido para ajudar você a se afirmar, respeitando cada um.

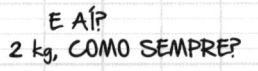

Para aprender a se autoafirmar (ou ser assertivo), é capital treinar com o máximo de segurança e prazer. Dar o audacioso passo que consiste em finalmente ousar ser quem você é necessita de determinação e perseverança... então não adianta nada desanimar com desafios insuperáveis! Nesse percurso, seremos bondosos com nós mesmos, abordando obstáculos gradualmente cada vez mais elevados. O crescimento progressivo dos mesmos os tornará mais fáceis de vencer. O objetivo deste caderno é permitir que você desenvolva uma fé inabalável nos seus talentos assertivos e no fato de que se afirmar é benéfico para você e para os seus relacionamentos. Esse será o caso se você puder ser clara(o) e ter confiança em si mesma(o). Para isso, você está convidada(o) a atravessar as etapas deste caderno, uma por uma; concluindo assim um trabalho de maturação, sem que nada do que você estiver elaborando seja necessariamente percebido por fora.

I. Mas, primeiro, vamos definir autoafirmação (ou assertividade)

Decida sua vida, senão outros se encarregarão disso no seu lugar...

Veja a seguir algumas ideias do que esse conceito representa para mim:

- Afirmar-se e ousar dizer não é impor seus limites.
- Afirmar-se é ser você mesmo, sem magoar os outros.
- Afirmar-se é ter a audácia de contar sua experiência e dizer sua verdade, respeitando dois critérios:
  ⇨ exprimir-se **A FAVOR DE**, e não **CONTRA**: a favor de suas necessidades e valores, e não contra os outros;
  ⇨ considerar como iguais suas necessidades e as dos outros.

E para você, o que é assertividade?

> Afirmar-me é...
> ....
> ....
> ....

Sejam quais forem suas ideias, parecidas ou bem diferentes das minhas, adote-as por enquanto. Esse é o começo da sua afirmação pessoal.

II. Agora, vamos deixar claras as nossas intenções

Faça a sua hit parade numerando, de acordo com suas preferências, as intenções citadas e completando a lista como quiser:

- ❑ Levar em conta tanto as minhas necessidades quanto as dos outros.
- ❑ Aprender e evoluir, sem necessariamente ter êxito de primeira!
- ❑ Tornar-me plenamente eu mesmo(a).
- ❑ Permanecer vivaz e confiante, seja qual for a conclusão do diálogo.
- ❑ Preservar o relacionamento.
- ❑ Obter o que quero, ponto-final!
- ❑ Preservar-me.

❑ ....
❑ ....
❑ ....
❑ ....
❑ ....
❑ ....
❑ ....
❑ ....

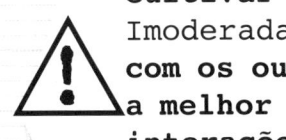

⚠️ **Cultivar nosso PIB (entenda PIB como Paixão Imoderada pela Bondade) com nós mesmos e com os outros aumenta a nossa humanidade. É a melhor garantia de sucesso para as nossas interações.**

III. Vamos estabelecer nosso balanço atual

Para chegar aonde queremos, é preciso saber de onde partimos.

As explorações a seguir são cruciais para realizar o seu balanço pessoal. Você pode consultá-las mais tarde para desenvolver a sua assertividade.

1) Será que há contextos ou situações específicas em que costumo me apagar, às vezes até sem perceber?

Veja algumas sugestões para você conseguir identificar que aspectos mais bloqueiam a sua assertividade.

Contextos e pessoas:
Marque e complete as opções que representam dificuldades para você: por exemplo, no âmbito profissional, você poderia escrever: *o Geraldo, chefe de seção da loja onde trabalho.*

Profissional:
- ❏ superior hierárquico(a)
- ❏ colega
- ❏ subalterno(a)
- ❏ cliente
- ❏ ...
- ❏ ...

Familiar:
- ❏ pai
- ❏ mãe
- ❏ companheiro(a)
- ❏ filho
- ❏ filha
- ❏ ...
- ❏ ...

Amical:
- ❏ homem
- ❏ mulher
- ❏ ...
- ❏ ...

Social:
- ❏ prática esportiva
- ❏ política
- ❏ altruísta
- ❏ ...
- ❏ ...
- ❏ Outros contextos: acrescente a sua lista de contextos difíceis. Por exemplo: *diferença de idade, sexo, posição social, hábitos culturais...*
- ❏ ...
- ❏ ...
- ❏ ...

Suas respostas dizem muito sobre o seu jeito de agir e suas tendências.
Por exemplo, certas pessoas ousam dizer tudo em família e ficam mudas em contextos sociais. Outras são cheias de audácia com seus amigos e reservadas no trabalho.

Escreva aqui o nome de duas pessoas face às quais você gostaria muito de se afirmar:

	familiar	profissional	amical	social	outro
1 ...					
2 ...					

O que acabou saindo no papel surpreendeu você? Se sim, escreva em detalhe o que você descobriu a seu respeito, como por exemplo:
- Pode ser que você tenha descoberto que os dois nomes que você escreveu são nomes de homens. Será que você tem tendência a esquecer de si mesmo(a) face ao gênero masculino?
- Pode ser que os dois nomes se situem num contexto específico (por exemplo: profissional. Pergunte-se então se, ao ser assertivo(a), você teme perder o seu emprego).

....
....
....
....
....
....
....
....
....

Seus pensamentos:
Anote agora, com relação a essas duas pessoas, **o que você costuma pensar** e, muitas vezes sem você saber, tem o dom de paralisar as suas tentativas de assertividade. Vamos examinar aqui quatro grupos ou formas de pensamento que nos congelam: juízos de valor sobre si mesmo(a), juízos de valor sobre os outros, medo de consequências negativas (do tipo decepcionar, ser julgado(a), perder aprovação, estima, uma situação, um relacionamento...) e ideias prontas (do tipo convicções, obrigações...).

Por exemplo: Uma mãe quer conversar com a filha adolescente sobre as notas baixas que ela tirou na escola, mas está hesitando.

	1...	2...
Juízos de valor sobre si: *Não sei que palavras usar, vou fazer mais mal do que bem...*		
Juízos de valor sobre o outro: *Não vai adiantar nada! Ela se fecha assim que toco no assunto.*		
Medo de consequências negativas: *Se eu falar sobre as avaliações dela, ela vai resmungar! Vai estragar a harmonia familiar!*		
Ideias prontas, obrigações, convicções: *Hoje em dia, todos os adolescentes são incontroláveis. Uma boa mãe tem a obrigação de criar seus filhos.*		

As frases que você tiver escrito na página anterior constituem o material de base para apoiar a sua assertividade. Ter consciência do que você costuma pensar em determinada situação lhe será de grande utilidade: de fato, a partir do momento em que identificamos os limites que os nossos pensamentos nos impõem, podemos decidir abandoná-los, transformando-os em três elementos: sentimentos, necessidades e ações. Essa maneira de proceder cria uma dinâmica que nos permite acabar com os nossos bloqueios. Vamos treiná-la após terminar o nosso balanço.

Para lhe dar uma ideia dos possíveis resultados desse processo, vamos transformar desde já as ideias paralisantes do exemplo daquela mãe que estaria enfrentando dificuldades com a filha adolescente. Vamos fazer isso com a consciência de que nossos **sentimentos** (ou sensações, impressões e emoções) não "caem do céu" em cima de nós por acaso! Eles provêm de nossas **necessidades** (ou aspirações, desejos, sonhos, valores... em poucas palavras: aquilo que dá sentido à nossa vida). Quando vivenciamos uma experiência agradável, isso significa que uma ou várias de nossas necessidades foram satisfeitas e, quando a experiência é desagradável, é sinal de que uma ou várias de nossas necessidades continuam insatisfeitas.

Mas voltemos ao nosso exemplo:
Não sei que palavras usar, vou fazer mais mal do que bem...

Sentimentos: inquietação, dúvida...

Possíveis necessidades insatisfeitas causadoras desses sentimentos: confiança em sua capacidade de encontrar palavras adequadas, acreditar numa conclusão positiva...

Não vai adiantar nada! Ela se fecha assim que toco no assunto.

Sentimentos: desânimo, cansaço...

Necessidades insatisfeitas: abertura, mudança, acreditar na possibilidade de diálogos pacíficos...

Se eu falar sobre as avaliações dela, ela vai resmungar! Vai estragar a harmonia familiar!

Sentimentos: medo, preocupação...

Necessidades insatisfeitas: harmonia, descontração...

Hoje em dia, todos os adolescentes são incontroláveis.

Sentimentos: irritação, impotência...

Necessidade insatisfeita: confiança em sua capacidade de controlar a situação.

Uma boa mãe tem a obrigação de criar seus filhos.

Sentimentos: fardo...

Necessidades insatisfeitas: desempenhar seu papel de mãe, contribuir para o sucesso de seus filhos...

O simples fato de transformar nossas ideias sombrias em sentimentos e necessidades muda a nossa energia. Coloque-se no lugar dessa mãe e pergunte-se se você não se sentiria melhor pensando: *Vai estragar a harmonia familiar de novo!* ou: *Gosto quando nós todos estamos descontraídos e nos entendemos bem!*

E espero que você note a sutil diferença que existe entre *Tenho medo de não achar as palavras certas* e *Desejo tanto achar as palavras certas...*

E lembre-se de que os seus pensamentos criam a sua realidade!

> ⚠️ **Por trás de todo medo e juízo de valor, esconde-se um desejo, um sonho.** Além disso, uma vez que você conhece suas necessidades, você pode refletir sobre a maneira de satisfazê-las.

AAAAH! PARE! XÔ! NÃO SE APROXIME!

MEU SONHO

2) O que é difícil para mim é:

- ❏ achar as palavras certas,
- ❏ conhecer minhas necessidades,
- ❏ controlar meu medo das consequências se eu me afirmar,
- ❏ ficar à vontade quando estou falando,
- ❏ ousar ter uma opinião diferente da dos outros,
- ❏ impor meus limites,
- ❏ ser ouvido(a) de forma admissível,

❏ ....

❏ ....

❏ ....

❏ ....

❏ ....

Minhas competências só podem germinar se eu tiver consciência das minhas incompetências.

3) Nos dois relacionamentos citados anteriormente, ao não me afirmar, o que estou tentando preservar é...?

	Estou preservando	Estou perdendo
Exemplo:	a paz	minha vitalidade
Pessoa 1		
Pessoa 2		

Analise suas respostas (não se preocupe, expressam necessidades e são, portanto, perfeitamente legítimas) e pergunte-se: as coisas podem evoluir entre o curto e o longo prazo? Por exemplo, se você tenta preservar a paz a curto prazo, pode ser que seja justamente isso que cria conflitos a longo prazo...

Consequências:

	Curto prazo	Longo prazo
Pessoa 1		
Pessoa 2		

Essas respostas levam você a refletir? Em que sentido? Anote aqui suas conclusões.

....
....
....

4) Minha cota de responsabilidade é minha cota de possibilidade!

Pense numa **situação** específica vivida com cada uma das duas pessoas citadas e na qual você não tenha conseguido se afirmar. Escreva suas responsabilidades e as da outra pessoa:

	Minhas responsabilidades	Responsabilidades do outro
Exemplo:	Não consigo ser firme!	Meus pais não me passaram autoconfiança.
Pessoa 1		
Pessoa 2		

Entretanto, como não temos o poder de mudar os outros, podemos somente mudar o lado que nos diz respeito.

Por isso:

- Se você tiver preenchido sobretudo a coluna "minhas responsabilidades", maravilha, pois você terá muitas possibilidades de transformar a situação.

- Se, ao contrário, você tiver preenchido sobretudo a coluna "responsabilidades do outro", tente enxergar que poder **você** tem de melhorar a situação em questão. Na vida, aquilo de que nos arrependemos não é o inalcançável, mas sim o alcançável não alcançado. Portanto, procure descobrir a sua cota de poder transformador.

Por exemplo, se você tiver escrito uma frase do tipo <u>Meus pais não me passaram autoconfiança</u>, é um fato: você não tem confiança em si mesm(a). Sendo assim, explore o que **você** poderia fazer para transformar, mesmo modestamente, a sua falta de autoconfiança.

Depois desse balanço dos seus limites, anote três qualidades suas no âmbito dos relacionamentos (isso mesmo, todo mundo tem qualidades e eu realmente disse: três!). Saboreie a sua lista, que alimentará a sua autoconfiança em circunstâncias difíceis.

Por exemplo:
<u>Eu tenho espírito esportivo.</u>

5) Agora, é hora de brincar!

Pense numa pessoa cuja maneira de se afirmar você aprecie. Vamos chamá-la de Y. Sinta a sua admiração por ela. Reflita sobre os aspectos do jeito de ser dela que inspiram você e anote-os (por exemplo: <u>Ela olha seus interlocutores no fundo dos olhos e fala com uma voz firme</u>).

Na figura esboçada, desenhe você mesmo(a), bem como uma das duas pessoas escolhidas na página 10. Vamos chamá-la de X. Utilize cores que manifestem a sua audácia de ser plenamente você mesmo(a). Em seguida, durante três minutos, entre sensorialmente na pele da pessoa que você admira: sinta-se **agora**

como você se sentiria face a X, sendo assertiv(a) da mesma forma que Y! Faça com que esse momento seja uma experiência vívida, e não apenas um pensamento. Vivencie-o com cada célula do seu ser. É uma brincadeira com o imaginário. Enxergue-a como tal!

IV. Vamos aprender a transformar em potencial de ação os pensamentos que nos congelam

O que acontece quando você não ousa se afirmar?

Durante uma experiência difícil, sentimos emoções, vivemos sensações (conscientes ou não), associamos-lhe pensamentos (convicções, ideias prontas...) e, em seguida, agimos (ou melhor, reagimos) em virtude disso: ou nos encolhemos e nos submetemos ao que está acontecendo, ou atacamos para nos defender ou nos justificamos (sentindo-nos ao mesmo tempo mal ou culpados...). Esses cenários ocorrem em poucos segundos... Para fugir deles, a primeira etapa consiste em detectar seu jeito de ser habitual.

Por exemplo: Você vai visitar a sua mãe, que já é idosa. Você mal chegou, e ela já começa: "Faz tempo que não te vejo. Talvez você tenha coisas mais interessantes para fazer do que se preocupar comigo".
- **Possíveis emoções:** Decepção, frustração (sobretudo se você lhe tiver feito uma visita na semana anterior)...
- **Possíveis sensações:** Pernas dormentes, fardo...
- **Possíveis pensamentos:** *Ela nunca fica satisfeita com nada* (juízo de valor sobre o outro). *Um(a) bom(a) filho(a) deve permanecer educado(a) e zen!* (ideias prontas, deveres). *Um dia vou dizer para ela tudo o que penso...* (medo). *Eu nunca consigo lhe agradar* (juízo de valor sobre si).
- **Possíveis reações:** Você fica emburrado(a). Sai para dar uma volta. Enfia o nariz numa revista...

Mas, então, o que fazer nesse tipo de situação?

1) A 1ª etapa

Se eu não aceitar e não exprimir meus sentimentos, vou acabar ficando com ressentimento...

Nesse tipo de situação, **o essencial é aceitar e sentir plenamente todas as facetas da experiência vivenciada. Não somente pensar sobre elas!** Essa etapa pode levar tempo. Você pode ou realizá-la durante a própria interação ou voltar a ela depois, se necessário, recorrendo a um diário de bordo.

PROBLEMAS RUMINAÇÕES

Manter um diário de autoempatia permite organizar seus pensamentos, delimitar melhor seus problemas e detectar seus pensamentos ruminantes, a fim de transformá-los. Exercitar-se regularmente, a partir de situações cada vez mais complexas, ajudará você a adquirir um conhecimento fino da sua experiência profunda e das necessidades ligadas a ela.

Veja a seguir alguns sinais de que a aceitação de nossos sentimentos atingiu seu objetivo:
Nosso conforto interior melhora. Nossa clareza irradia. Nossos juízos de valor, raivas, medos e tensões diminuem. Nosso dinamismo aumenta. Vem um alívio que, com um pouco de treino, dá para perceber na nossa fisiologia.
A qualidade das nossas relações com os outros depende da qualidade da nossa relação com nós mesmos: se formos íntimos de nós, seremos firmes e sólidos, o que criará um clima interior estável e perceptível pelas pessoas ao nosso redor.

HA HA HA

Minha inconsciência some assim que tomo consciência dela!

2) A 2ª etapa

consiste em identificar os pensamentos que nos congelam (juízos de valor sobre si mesmo(a) e sobre os outros, medos, ideias prontas...)

3) A 3ª etapa

consiste em buscar descobrir as necessidades dissimuladas por trás de cada pensamento e que dão origem aos nossos sentimentos. (Para treinar, consulte a lista no fim deste caderno.)

o que costumo pensar... =>		
meus sentimentos		
minhas necessidades <=		

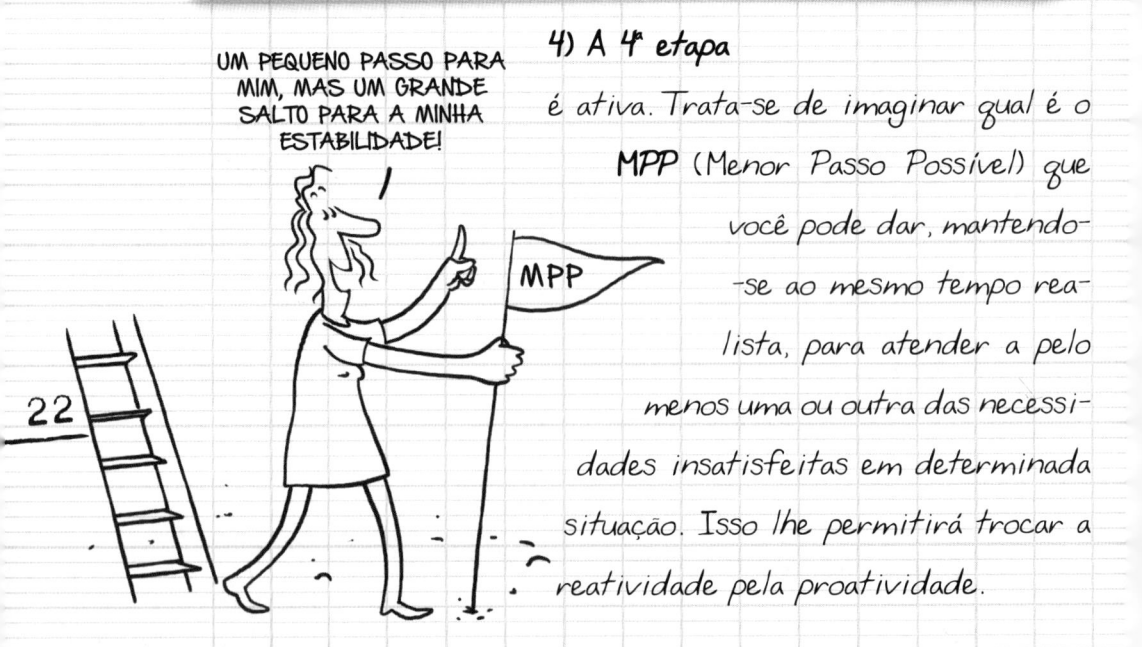

UM PEQUENO PASSO PARA MIM, MAS UM GRANDE SALTO PARA A MINHA ESTABILIDADE!

MPP

4) A 4ª etapa

é ativa. Trata-se de imaginar qual é o MPP (Menor Passo Possível) que você pode dar, mantendo-se ao mesmo tempo realista, para atender a pelo menos uma ou outra das necessidades insatisfeitas em determinada situação. Isso lhe permitirá trocar a reatividade pela proatividade.

Os detalhes dessa etapa serão abordados quando falarmos do pedido, no item 4 da CNV (página 35).

• A **reatividade** consiste em reagir ou se defender **com relação** a um acontecimento e, portanto, ficar permanentemente estressado e prisioneiro de um círculo dito "das preocupações".

Residir nesse círculo se caracteriza por tendências mentais chamadas por Stephen Covey de "cânceres emocionais": crítica, comparação, competição e reclamação.

CÍRCULO DAS PREOCUPAÇÕES — CRÍTICAS, COMPARAÇÕES, RECLAMAÇÃO, COMPETIÇÃO

• A **proatividade** consiste em conhecer, ligar-se a e agir em função dos seus próprios valores. Isso significa se concentrar permanentemente nos elementos sobre os quais você tem influência: é o seu círculo de influência. Como tudo aquilo a que prestamos atenção se amplia, para ser afirmativo – em vez de agressivo ou passivo –, é melhor aumentar o seu

CÍRCULO DE INFLUÊNCIA — FOCALIZAÇÃO, CONSCIÊNCIA, COMPREENSÃO, CORAGEM círculo de influência cultivando outros tipos de hábitos mais saudáveis: **focalização em si mesmo(a)**, clara consciência de sua experiência e suas aspirações (ou autoempatia), coragem de exprimi-las (ou assertividade) e compreensão da experiência do seu interlocutor (ou empatia).

V) Os círculos

1) Vamos explorar o impacto dos hábitos do círculo das preocupações:

Reclamar diminui a nossa energia vital e faz as pessoas com quem estamos falando fugirem.

Criticar nos estressa e posiciona a nossa energia contra os outros, em vez de colocá-la à disposição para nós mesmos(as).

Comparar sempre é tóxico, pois cada ser humano, único e maravilhoso, prejudica sua individualidade ao se comparar com os outros. A única comparação útil é quando pensamos: "Se outros já conseguiram fazê-lo, então também sou capaz".

Competir orienta a nossa energia para o lugar errado, pois, num **âmbito** profundo, somente as vitórias que obtemos sobre nós mesmos(as) valem a pena.

2) Vamos explorar os hábitos do círculo de influência:
   a) Focalização em si mesmo

Existem diversas maneiras de fazer isso, que foram descritas em especial nos Cadernos de Exercícios **para ficar zen em um mundo agitado** e de **Meditação no cotidiano**. O essencial reside na prática cotidiana da focalização, pela qual você optará. Veja a seguir um tipo de focalização de que gosto muito, porque estimula o nosso relaxamento e aguça a nossa clareza mental, criatividade e boa reatividade. Trata-se de um trunfo primordial para a assertividade.

> ESTOU ESTABELECENDO UM LAÇO COMIGO MESMO(A), COMO É BOM!

- Arrume uma posição confortável, deitado(a) ou sentado(a) com as costas retas. Feche os olhos. Preste atenção à sua respiração. Deixe-a lentamente ir ficando mais devagar. Saboreie esse encontro com você mesmo(a). Escute e sinta o ar entrando e saindo dos seus pulmões.

- Agora, coloque uma mão na altura do coração, no centro, na parte inferior do osso esterno, e a outra no abdômen. Sinta suas mãos levantarem uma após a outra durante a inspiração e abaixarem durante a expiração. Ao respirar lentamente, você efetua em geral uma respiração durante dez segundos, ou seja, seis respirações por minuto. Respirar nesse ritmo coloca você em estado de <u>coerência cardíaca</u>, um estado que favorece a saúde e o equilíbrio mental e emocional, criando uma harmonia entre o cérebro e o coração.

No início dessa prática, verifique quantas respirações você efetua em três minutos. Se chegar a um total de 18 a 20, é um bom ritmo para você se focalizar. Em seguida, pratique essa respiração pelo menos cinco minutos por dia.

Durante esse momento de encontro consigo mesm(a), afirme: "Estou estabelecendo um laço comigo mesm(a), como é bom!" Desenhe essa frase.

b) Consciência de seus sentimentos e suas aspirações (ou autoempatia)

Em comunicação, a verdadeira sabedoria é entrar em relação com os outros a partir de um espaço de respeito por si. Para se expressar do jeito certo, é preciso primeiro escutar a si mesm(a) para se conhecer e descobrir suas necessidades.

A autoempatia, pré-requisito da expressão de si, é um momento que você tira para observar o interior de si mesm(a) e acolher o que esteja acontecendo ali. Para isso, você deve se colocar duas perguntas, sobre as quais você deve meditar o tempo que for necessário até que um relaxamento e uma clareza se produzam:

"ENTÃO, TUDO BEM?"

- Como estou me sentindo?
- O que desejo nessa situação?

A autoempatia leva à paz interior e à descoberta das "palavras para se exprimir". Para que ela seja produtiva é preciso perseverança.

Treino de autoempatia fazendo bem a si mesmo(a)

Pense num momento agradável vivido recentemente

Realize as seguintes etapas:
Pense na situação: *Quando penso em...*
Sentimentos: explore e saboreie plenamente a sua experiência com relação aos fatos rememorados. *Eu me sinto...*
Necessidades: busque descobrir suas necessidades satisfeitas naquela situação. *Porque minhas necessidades de... foram satisfeitas...*

Ação: pense em que ação você poderia realizar para reproduzir esse tipo de momento agradável. *E, agora, vou decidir...*

Por exemplo: *Quando me lembro daquele meu passeio pelos campos, eu me sinto dinamizado(a) e alegre, pois minhas necessidades de relaxamento e conexão com a natureza foram satisfeitas. E vou acordar mais cedo, na quinta-feira, para passear de novo essa semana...*

Treino a partir de situações fictícias

HA HA HA, DE NOVO, ONDAS GRANDES DE NOVO

SOCORRO, ONDAS GRANDES!

Não é a ação de alguém ou uma situação em si mesma que provoca seus sentimentos negativos. É a maneira como você as enxerga, em função da sua personalidade, história de vida e necessidades do momento. **Nossos sentimentos têm raízes em nossas necessidades e são ampliados ou reduzidos de acordo com nossas interpretações dos fatos.** É por essas razões que as mesmas situações estimulam reações desconfortáveis em certas pessoas, enquanto não têm a menor importância para outras.

Por exemplo: Imagine uma praia onde dois gêmeos estejam brincando no mar. Uma onda grande passa e os submerge um instante. Um dos meninos corre para a mãe berrando: "Não gosto de ondas grandes!" O outro dá gargalhadas e diz: "De novo, é tão legal!" Ora, é a mesma onda...

Realize o próximo exercício colorindo, em cada situação, as palavras: **Eu me sinto... porque preciso de...** e completando as frases.

São 11 horas da noite, e você pega o seu filho de 11 anos na frente do computador, no seu escritório.

Eu me sinto ....
porque preciso de ....

O seu marido volta duas horas mais tarde do que de costume, sem avisar.

Eu me sinto ....
porque preciso de ....

Você fica sabendo que um dos seus colegas, com quem você gosta de trabalhar, foi demitido.

Eu me sinto ....
porque preciso de ....

Veja algumas variantes de:

Eu me sinto... porque preciso de ....
Eu sou... porque gosto de ....
Isso me deixa... porque adoro ....

Crie as suas variantes personalizadas, contanto que contenham a noção daquilo a que você aspira: suas necessidades. A expressão dos sentimentos é opcional e depende do contexto. Se, por exemplo, <u>você for assaltad(a), não adianta dizer aos ladrões que você está com medo... em compensação, pode ser adequado exprimir para cada um que você precisa de segurança</u>.

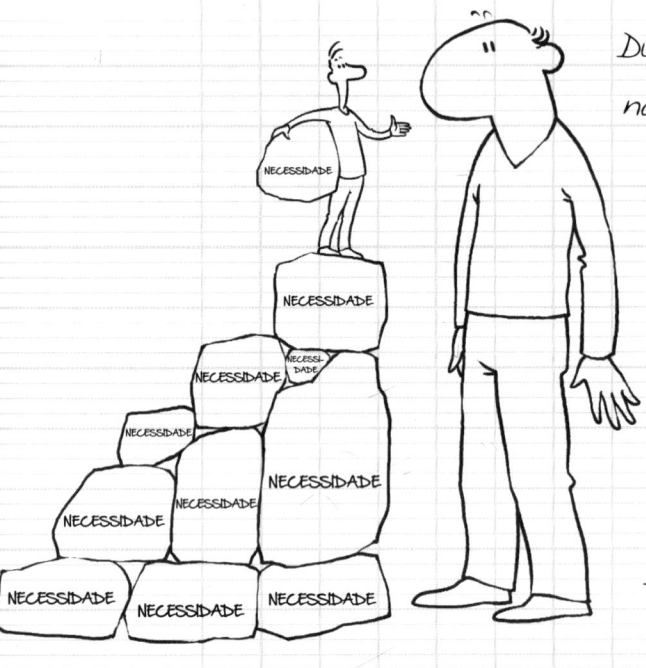

Durante as duas próximas semanas, faça essa exploração três vezes por dia, silenciosamente. Exercite-se, ora em situações agradáveis, ora em situações difíceis. Trata-se de uma nova língua, que, é claro, não se aprende em poucas horas!

Desenvolver uma **clara consciência** dos seus sentimentos e necessidades em todos os momentos lhe permitirá mais tarde exprimi-los de forma fluente e admissível, o que aumentará suas chances de ser ouvid(a) e incentivará você a se afirmar.

Exercício em presença de uma pessoa loquaz:

Procure a companhia de alguém que fale muito. Escute a pessoa escolhida sem interferir, observando ao mesmo tempo os seus próprios sentimentos. Assim que esse momento terminar, anote no seu caderno:

- ❏ O que você sentiu enquanto estava escutando alguém e ao mesmo tempo você mesmo(a): ....
....
- ❏ Suas necessidades satisfeitas ou não naquele momento:
....

c) **Coragem de expressar nossos sentimentos, necessidades e valores (ou assertividade)**

Depois de compreender a sua experiência íntima, você pode pensar em conversar sobre o assunto com a pessoa em questão.

Veja a seguir algumas dicas para ajudar você:

- Quando desenvolvemos uma maneira de pensar e falar que leve em conta ao mesmo tempo nós mesmos(as) e os outros, estamos maximizando nossas chances de sermos bem recebidos(as). A Comunicação Não Violenta® (CNV), que nos ensina a prestar atenção aos sentimentos e necessidades de cada um, é um poderoso método para nos ajudar nesse sentido. (Para saber mais sobre os fundamentos dela, consulte os Cadernos de Exercícios <u>de Communication NonViolente® e para Cuidar de Si Mesmo</u>, bem como os textos de Marshall Rosenberg.)
- O que comove o ser humano face a nós é a profundidade de nossas necessidades e a nossa capacidade de ficar à vontade com as mesmas, porque sabemos que são legítimas.
- Quando construímos respeito e confiança com nossos interlocutores, esses sentimentos têm mais poder para resolver situações difíceis do que qualquer técnica visando a obter um resultado sem se preocupar com os outros.

- Quando ignoramos muitas vezes aquilo que conta para nós, devemos pagar um preço: exasperação, rancor, depressão...

- Quando alguém considera nossas palavras como críticas, diminuímos as chances de sermos ouvidos, e isso mesmo quando a nossa crítica tem fundamento.

- É mais eficaz focalizar a conexão, e não o resultado concreto esperado.

Posicionar-se num contexto positivo:
Pense numa atitude que você aprecia em alguém e escreva o que você poderia lhe dizer em três frases:

1) Descreva concretamente o que a pessoa costuma fazer: ......
....

2) Cite um ou dois dos seus sentimentos com relação a essa atitude:..

3) Cite uma ou duas das necessidades que você satisfaz quando constata essa atitude:................................
....

Vá encontrar a pessoa em questão e diga-lhe tudo isso!
Resumindo: *Quando me lembro daquele momento em que... me sinto... e isso satisfaz a minha necessidade de...*

O exercício anterior é simples, porque se trata de uma apreciação positiva no intuito de deixar você à vontade com esse tipo de verbalização... Porém, assim que você se sentir confortável nessas situações fáceis, será hora de passar ao "prato principal"...

Posicionar-se num contexto difícil:
Escolha uma das duas pessoas selecionadas na página 10 para preparar uma afirmação um pouco difícil que você gostaria de lhe dizer. Pinte a seguinte frase:

Quando me afirmo, eu me fortaleço, e a minha força me ajuda a me afirmar.

Comece delimitando o problema quando você estiver sozinho(a):
COM CALMA, acolha seus sentimentos com relação à ideia de se posicionar e enfrentar seus medos. É normal ficar estressado(a) ao pensar nisso. Porém, se você ficar nervoso(a) demais, tire alguns minutos de pausa: saia, dance, mexa-se, pule corda... para canalizar o seu estresse e estimular o seu espírito de iniciativa.

Depois, escreva os quatro elementos a seguir no seu caderninho:

1) Observação:
- Anote o fato que levou você a querer falar com a pessoa em questão.

Cuidado, um fato mal observado é mais prejudicial do que uma avaliação ruim!

Portanto, é crucial formular suas observações de forma neutra, assim como uma câmera de televisão, sem acrescentar opiniões ou interpretações, o que comprometeria a abertura ao diálogo.

Por exemplo: *Você só pensa em si mesmo(a)...* é bem diferente de: *Quando você se deitou sozinho(a) no sofá ontem...*

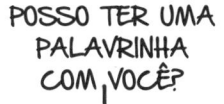

POSSO TER UMA PALAVRINHA COM VOCÊ?

2) Sentimentos:
- Anote como você se sente ao se lembrar da situação.

MAS:
Procure mencionar sentimentos que falem de você sem acusar a outra pessoa. Existe uma série de palavras que empregamos como sentimentos, mas que na verdade estão misturadas a juízos de valor sobre os outros! Como julgam o outro, elas são uma potencial fonte de conflitos, pois toda vez que nos consideramos vítimas do outro, dirigimos-lhe a palavra como se ele fosse nosso carrasco, o que obviamente não o incentiva a ouvir o nosso ponto de vista.

Veja a seguir um breve exercício para você treinar: entre os sentimentos a seguir, risque os que estejam misturados com acusações feitas ao outro, do qual nos enxergamos como vítimas, e que tendem portanto a colocá-lo na defensiva:

1 - Furioso, 2 - traído, 3 - enganado, 4 - desesperado, 5 - preocupado, 6 - ignorado, 7 - estressado, 8 - abandonado, 9 - cansado, 10 - prudente, 11 - manipulado.

Respostas: 2, 3, 6, 8 e 11 implicam linguisticamente que você é vítima do outro. São obstáculos no caminho da assertividade, mesmo que seja a sua percepção da realidade!
1, 4, 5, 7, 9 e 10 falam da sua experiência íntima sem acusar diretamente o outro, **SALVO** se interiormente você acha que "é culpa dele"!

Seja lúcido(a) com o seu vocabulário. Faça uma lista dos sentimentos acusadores (com relação a você e com relação ao outro) que você tem tendência a pensar ou dizer. Rasgue-a e jogue-a no lixo, para nunca mais usá-los.

VOU RECONQUISTAR MINHA LIBERDADE

Torne-se consciente do seu inconsciente... Analise se, durante a sua infância, você riscou ou não alguns sentimentos do seu vocabulário e da sua vida, porque lhe ensinaram que eles eram inconvenientes, sinal de falta de educação ou fraqueza de controle (*na vida é preciso engolir sapos!*), ou porque lhe davam bronca ou o(a) rejeitavam quando você os expressava.
Faça um balanço da sua vida percorrendo a lista de sentimentos das páginas 61 e 62. Envolva os que você não consegue vivenciar ou dizer de forma confortável. Sozinho(a), pronuncie-os em voz alta com uma imensa bondade por si mesmo(a). Tente também senti-los. Pouco a pouco, você pode instaurar novamente na sua vida aqueles que lhe convêm.

Há agora sentimentos que você gostaria de ousar dizer?
Você não é mais a criança que já foi um dia, e o seu presente não tem mais realmente nada a ver com o seu passado acabado! Além disso, não projete seus genitores ou professores nas suas relações atuais. O seu chefe não é o seu pai...

3) Necessidades:
Descubra as necessidades não satisfeitas que deram origem aos seus sentimentos.
Exprimir-se plenamente requer a capacidade de estar consciente de todas as suas necessidades. Aprender a conhecê-las leva tempo, mas é o caminho para a sua clareza pessoal!
Aliás, em seguida, por favor, faça uma seleção e procure não invadir o seu interlocutor com uma multidão de sentimentos e necessidades...

4) Pedido:
O que poderia ser feito para levar em conta suas necessidades?

Ao nos permitir buscar descobrir por qual pedido ou ação tentar saciar o que está insatisfeito dentro de nós, isto é, nossas necessidades não atendidas, a ginástica que consiste em transformar nossos juízos de valor, convicções e medos em sentimentos e necessidades nos tira de nossa impotência.

Para ser eficaz, um pedido deve comportar seis critérios (cf. mais detalhes nos livros de CNV publicados pela editora Jouvence[1]):

---

1. Em francês [N.T.].

Ser dirigido **a alguém em especial** e **dar escolha**: Você concordaria em..., e não: Vamos... ou De agora em diante, quero que você...

Dizer respeito ao **instante presente**: Agora, hoje ou nos próximos dias...

Ser **realizável, concreto** e **expresso em termos positivos**.

Exemplo de um pedido obedecendo aos seis critérios: Você concordaria em me dizer antes das 14 horas se você pode (implica o outro, dá escolha e se situa no momento presente) ir buscar as crianças na escola esta tarde? (realizável, concreto e em termos positivos).

Fazer um pedido é **tomar as rédeas da sua vida!**

Entretanto, o mais importante é que existem **dois tipos de pedido!!!**

- Os que visam a uma conexão com a outra pessoa e que, portanto, são utilizados em 90% dos casos, embora às vezes seja frustrante esperar que as coisas evoluam de modo palpável... Para simplificar, lembre-se de que um pedido de conexão sempre pede que o outro lhe **DIGA** alguma coisa:

SEREI EU
FIQUE CALMO
RESPIRE

Agora, desejo **OUVIR** a sua opinião...

Eu gostaria que você me **DISSESSE** se concorda em...

O que me agradaria é **SABER** o seu ponto de vista...

• Os que visam a uma ação (10% dos casos):

Exemplo de um pedido de ação: Você concordaria em arrumar o seu quarto hoje?

Um pedido tem como objetivo fazer com que uma situação evolua. De fato, muitas vezes, quando nos expressamos sobre um assunto que gera tensões, acabamos desabafando e não pedindo nada ao nosso interlocutor, o que faz com que a situação fique estagnada.

Ao dar ao outro a oportunidade de se expressar com relação ao que estamos dizendo ou fazer alguma coisa para o nosso bem-estar, estamos instaurando uma relação de igual para igual e criando uma dinâmica positiva no diálogo. Se você deseja que suas palavras sejam benéficas, a primeira coisa a fazer é criar um equilíbrio no diálogo. É por essa razão que boa parte dos nossos pedidos visa permitir que o outro se posicione com relação ao que estamos dizendo. Nesse sentido, podemos pedir o ponto de vista dele, perguntar como ele(a) está interpretando o que está sendo dito, o que conta para ele(a) no que acabamos de dizer... Em seguida, a conversa se orienta naturalmente para pedidos de ação: <u>Você concordaria em viajar nesse sábado para passar um final de semana romântico juntos?</u> Por outro lado, se decidimos não dar nenhum espaço de expressão ou nenhuma escolha ao outro, é melhor dizê-lo claramente, e não disfarçá-lo na forma de um falso pedido. Porém, lembre-se de que, quanto mais exigimos, menos criamos confiança recíproca e menos nossos interlocutores terão prazer em nossa companhia.

⚠ Quando você quiser se exprimir sobre um fato delicado com alguém:
=> Prepare-se por escrito.
=> Escolha **o momento certo**. Para saber, verifique com o seu interlocutor se você não chegou na hora errada...

TUDO BEM SE CONVERSARMOS AGORA?

O essencial é se afirmar sem críticas e de forma concisa, dando ao outro a possibilidade de reagir. Você conseguirá isso:
- substituindo: *Eu me sinto... porque você...* por: *Eu me sinto... porque preciso de...*
- sendo sucinto(a): a arte de uma boa comunicação é ser breve e simples. Estatisticamente, acima de 40 palavras consecutivas, a atenção do seu interlocutor já começa a se distrair... e, se for um jovem, depois de 20 palavras, ele já está "viajando"...

Entretanto, se você quiser afinar a sua assertividade e aumentar suas chances de ser ouvid(a), uma vez que estiver familiarizad(a) com a expressão de suas necessidades, será então primordial aprender a verbalizá-las da maneira mais "**sexy**" possível...

Podemos dizer que nossas necessidades são **sexy** quando se exprimem sem implicar a menor ideia de carência, reclamação, crítica, expectativa...

As mais inspiradoras e as mais sexy de nossas necessidades são chamadas de **necessidades motoras**, pois dinamizam tanto quem as expressa quanto quem as escuta.

Como chegar lá?

Tire um momento para ficar sozinho(a) com seu diário de bordo.

Comece com uma situação difícil. Por exemplo: No último minuto, às 18 horas, seu chefe pede para você preencher um documento urgente!

Anote o pensamento que costuma reativar você (Ele abusa! Ele me trata como se eu fosse um(a) escravo(a)).

Com esse tipo de pensamento, é provável que, se você não se afirmar, o clima vá se deteriorar... Portanto, transforme esses pensamentos em sentimentos e necessidades. (Eu me sinto frustrado(a), preciso que tenham consideração pela minha vida pessoal e respeitem meus horários.)

A partir das necessidades que vêm à tona, mesmo que sejam necessidades que impliquem o outro e que, portanto, sejam a princípio pouco sexy (do tipo: Preciso que respeitem meus horários, subentendendo: ...que você os respeite, chefe!), pergunte-se:

Quando essa necessidade é satisfeita, o que se produz na minha vida, o que acontece então? No exemplo citado: Consigo cuidar humanamente da minha vida de família e preservar minha energia para realizar um trabalho de qualidade.

E, quando essa necessidade é satisfeita, o que se produz na minha vida, o que acontece então?
<u>Tenho prazer em efetuar minhas atividades profissionais e dou o melhor de mim mesmo(a).</u>

Faça isso de necessidade em necessidade, até se conectar com uma necessidade profunda e inspiradora, na qual o outro não entra mais no cenário global: onde só estejam você e suas aspirações. Ao descobrir essa necessidade, produz-se uma mudança em si: você descobre algo vital e vitalizante, o que se percebe interiormente.

Agora veja como você pode, em seguida, ir falar com a pessoa em questão. Aqui, nesse caso, com o seu chefe: <u>Para dar o melhor de mim no meu trabalho, no que eu gosto de fazer, preciso de um equilíbrio entre meus horários pessoais e profissionais. Aspiro realmente a dar qualidade àquilo que realizo e manter essa atitude a longo prazo. Você aceitaria conversar sobre como levar isso em conta, respeitando ao mesmo tempo o seu planejamento do trabalho da semana?</u>

Uma necessidade será sexy se ela for expressa sem repreendas. E, portanto, sem queixa ou carência, mas de forma plena, positiva.

Se eu fosse chefe de uma empresa e ouvisse: <u>Aspiro realmente a dar qualidade ao trabalho que realizo</u>, isso aumentaria minha confiança na pessoa e eu ficaria menos na defensiva ou disposto a me justificar quanto ao fato de respeitar vida pessoal ou horários...

E para terminar: **afirmar-se não consiste somente em dizer!** De fato, o que se capta, até mais do que as palavras, é a energia que irradiamos. **O que o seu interlocutor percebe essencialmente é a sua atitude não verbal, determinada pelos seus pensamentos, mesmo os mais secretos.**

A nossa experiência íntima profunda se exprime antes de tudo pela nossa atitude não verbal: o olhar, a coloração que a tez adquire, a postura, os movimentos, o tom da voz, tudo isso faz com que nossos sentimentos se manifestem de modo involuntário, independentemente do nosso controle. Os 45 músculos do rosto, por exemplo, traem o que estamos sentindo, muitas vezes de forma inconsciente. Assim, nosso interlocutor, mesmo sem saber, confiará mais na percepção que ele tiver de nossa atitude corporal do que nas palavras que nós pronunciarmos.

Nas mensagens que comunicamos, 55% das informações emitidas passam através do corpo e da expressão facial; 38%, pela voz (tom, ritmo, intensidade...); e **SOMENTE** 7%, pelo sentido das palavras.

MAS É CLARO
QUE EU TE AMO
Palavras
7%

Rosto
38%

100%
Cética

Corpo
55%

Nossa principal intenção é que nossas palavras e pensamentos sejam coerentes, nosso corpo e nossa voz expressem essa coerência.

Soluções de emergência para quando nem tudo for tão simples quanto esperávamos...

O que fazer quando recebemos respostas difíceis de escutar após sermos assertivos?

O seu interlocutor acha você complicad(a), ironiza o seu jeito de falar, diz não ao seu pedido, enxerga uma reprimenda nas suas observações, vê suas necessidades (das quais você vem tomando consciência meticulosamente há semanas) como exigências... Depois de tanto preparar o que você queria dizer, você recebe mensagens do tipo: <u>Você não pode falar normalmente, igual a todo mundo? Você está muito esquisit(a) ultimamente. Você não é mais como era antes...</u>

Lembre-se então de que você tem à sua disposição ferramentas de emergência para superar o que pode parecer um fracasso. Veja a síntese delas:

- Concentrar-se: respirar sem suspirar...
- Ter autoempatia: aceitar o que a situação provoca em você (ter feito todo aquele esforço e ficar com a impressão de ter causado essas complicações!).
- Ver os diálogos como oportunidades de evoluir e se tornar quem você é, e não mais como fiascos.
- Estar consciente de que o que a pessoa lhe exprime, **na verdade, fala sobre ela** e de que, se você tentar detectar os sentimentos e necessidades dissimulados por trás das palavras dela, terá menos dificuldade em manter o foco no seu objetivo.
- Ser assertivo: isso mesmo, é preciso insistir face a esse tipo de reação! Veja a seguir alguns exemplos de como formular suas palavras, para ajudar você a manter o foco, caso perca a calma ou o fio da meada:
- <u>Quando você me diz isso, eu me sinto desanimad(a), porque preciso ter esperanças de que a gente conseguirá escutar um</u>

> AH! ESTOU PERDENDO O FIO DA MEADA

ao outro. Você concordaria em me dizer o que posso fazer para que a minha boa vontade seja levada em consideração?
- <u>Quando ouço a sua reação, fico confuso(a)</u> (sentimento) e preciso de tempo para esclarecer minhas ideias (necessidade). Tudo bem se dermos uma pausa na conversa durante 15 minutos (pedido)?
- <u>Quando ouço você me dizer que...</u> (citar as palavras do outro), não fico tranquilo(a) (sentimento) depois, porque aí sinto uma raiva (sentimento) ferver dentro de mim. Então, quero que o clima continue positivo (necessidade) entre nós.
Se você enxergar críticas nas minhas palavras, pode me avisar (pedido), por favor?

Escolha uma das pessoas selecionadas no início deste caderno, com quem você poderia enfrentar uma dificuldade desse tipo, e prepare uma frase, adaptada à sua linguagem habitual, para ajudar você a atender às suas necessidades do momento.

Eu estou, eu me sinto...

E gostaria...

Você pode...

> Mas, sobretudo, sobretudo, sobretudo, nunca escute o que alguém pensa de você - assim você viverá mais feliz e mais tempo em boa forma! Escute somente o que está vivaz nas pessoas: os sentimentos e as necessidades dissimulados por trás das palavras delas!

E é isso que nos leva ao 4º item do nosso círculo de influência:

d) Compreensão do outro (ou empatia)

Empatia é a capacidade de um ser humano se colocar em harmonia com a experiência íntima do outro, encontrando as palavras certas para mostrar que tem consciência do que o outro está vivendo e que o aceita sem fazer nenhum juízo de valor. Ele tenta assim adivinhar as aspirações e necessidades do outro. Dessa forma, substitui a crítica que talvez ele pudesse tecer sobre alguém em função de determinada atitude (desconfiado, fechado...) pela compreensão do que pode ter levado a pessoa em questão a agir ou falar dessa maneira. Nesse caso, é essencial lembrar que compreender e aceitar a experiência íntima do outro não tem nada a ver com aprová-la(a) e nem fazer o que ele(a) esteja querendo. Compreender cria um clima que favorece o diálogo e ajuda a evitar uma ruptura da interação. Veja o que aquela mãe cuja filha vinha tirando notas baixas poderia lhe dizer:

Quando você diz que não quer conversar sobre esse assunto, é porque você não se sente à vontade com a ideia de abordar as suas dificuldades e precisa de conversas mais fáceis de levar? É isso mesmo ou será outra coisa?

VOCÊ ESTÁ CHATEADO PORQUE QUER QUE DEIXEM VOCÊ EM PAZ?

Treine a empatia tentando compreender o outro quando ele diz coisas difíceis de escutar. Para isso, procure adivinhar as necessidades expressas de forma desajeitada por meio dos juízos de valor que ele faz sobre você:

No intuito de assimilá-la, recopie a seguinte frase num **Post-it** e pregue-o no espelho do seu banheiro:

- *Quando você diz...*
- *será que você não se sente...*
- *porque precisa de...*
- *é isso mesmo?*

1) Você controla tudo o que faço =>...
2) Ultimamente você passa horas conversando. Como você é complicad(a) =>...
3) Você sempre quer ter razão =>...
4) Parece que você sabe tudo melhor do que qualquer um =>...
5) Você me trata como se eu fosse criança =>...

Respostas possíveis:

1) *Quando você diz...* (citar as palavras ditas), *será que você não se sente chatead(a)* porque precisa de mais liberdade de ação? É isso mesmo?

2) *Quando você diz...*, será que não é porque você está *cansad(a)*? Você quer que tudo seja mais simples e descontraído? É isso mesmo?

3) *Quando você diz..., você está chatead(a)* porque gostaria de ver que a sua opinião é levada em consideração tanto quanto a minha? É isso mesmo?

4) Quando você diz..., você está desanimado(a) porque tem vontade de estabelecer uma relação mais equilibrada e aberta à opinião de cada um? É isso mesmo?

5) Quando você diz..., você está decepcionado(a) porque gostaria que a sua maturidade fosse reconhecida? É isso mesmo?

Ao praticar a empatia, se alguém reagir de uma maneira que você considera agressiva e se você empregar toda a sua atenção para adivinhar as necessidades por trás das palavras da pessoa em questão, você não levará mais nada a mal, como se fosse contra você. Essa atitude constitui, portanto, uma forma bastante poderosa de ficar zen quando atacam você...

VI) E, agora, com a vantagem do seu poder empático e de suas experiências assertivas, você vai finalmente ousar dizer não?

Faça um balanço parecido com o que você efetuou no início deste caderno.

Para ajudar você, observe a seguir, misturadas, algumas pistas de reflexão:

- Você sabe dizer não facilmente?

....
....

- Face a quem ou em qual(is) situação(ões) você sente mais dificuldade em dizer não?

....
....

- Quais são as consequências dos seus falsos "sins" na sua vida?

....
....

- Anote alguns juízos de valor, medos e convicções que impedem você de dizer não.

....
....

Todos nós temos de dizer não frequentemente: como você faz isso?

- ❏ Acontece de você reclamar (*é sempre comigo que isso acontece!*),
- ❏ ser grosso(a) (*Não é não, eu já lhe disse cem vezes!*),
- ❏ culpar o outro (*Você acha que não tenho mais o que fazer?*),
- ❏ pedir desculpas (*Ééé... para dizer a verdade, sinto muito em lhe dizer, mas...*),
- ❏ se justificar (*Estou doente e também já faço tantas coisas*),
- ❏ manipular (*Mas, se você souber se virar, vai se sair muito bem sem mim*),
- ❏ deixar as coisas se arrastarem...?

• *O que você gostaria de melhorar **agora**?*

....

....

E, se você não estiver a fim, por favor, diga não e não faça esse balanço!

Veja a seguir alguns tipos de pedidos com os quais pode ser difícil lidar. Marque os que você já encontrou por aí:

- ❏ Você é pego(a) de surpresa
- ❏ Deixam você se sentindo culpado(a)
- ❏ Você ignora a resposta certa
- ❏ Você já disse não muitas vezes à pessoa que fez o pedido
- ❏ Fazem-lhe um pedido insidioso, não muito claro
- ❏ Ameaçam ou manipulam você

Exercício: Escreva aqui um pedido que colocaria você numa saia justa e atravesse as cinco etapas citadas a seguir:

....
....
....

1) Em silêncio: acolha interiormente, se possível com bondade, o pedido que lhe foi feito **e** conecte-se com a sua experiência íntima ao ouvi-lo. (Em situação real, a sua abertura se manifestará pela sua atitude não verbal, o que não comprometerá **em nada** a resposta que você der em seguida. Essa **acolhida não verbal é muito importante**, porque, senão, a conversa já começa mal quando a pessoa que está fazendo o pedido lê nos seus olhos: *Ah, não! Que azar!*)

Seus sentimentos: ...

Suas necessidades: ...

(*Por exemplo: seu filho adolescente, que apresenta péssimos resultados escolares, pede para sair à noite durante a semana de provas.* Preocupação, necessidade de se posicionar como pai ou mãe responsável, necessidade de agradar e necessidade de preservar a harmonia familiar.)

2) Reformule o pedido, a fim de **acolher humanamente** o seu interlocutor: se entendi bem, o que você quer é... (por exemplo: sair à noite).

....
....
....

3) Enumere as presumidas necessidades do outro, **que devem ser bem distinguidas da ação** pedida!

...porque você precisa... (por exemplo: espairecer?)

....
....
....

(Se a sua tendência natural for dizer sim sem consultar a sua própria opinião, imagine-se dando uma resposta diferente.)
4) Diga não exprimindo seus sentimentos e **todas** as suas necessidades, tanto as que você vai satisfazer quanto as que você não vai priorizar dessa vez.

....
....
....

Você ficará frequentemente **dividido(a)**, **vacilante** entre diferentes necessidades: a de agradar, por exemplo, e a de atender a algumas necessidades suas (como desempenhar seu papel de pai ou mãe...) e/ou a alguns valores seus (como dar prioridade ao trabalho antes do lazer).

5) Faça um pedido (ou uma proposta), mostrando que você entende o que o outro está vivendo.
Como você se sente com a minha recusa? Você concordaria em esperar o final de semana para sair?

....
....
....

6) Continue o diálogo, às vezes difícil de levar adiante sem ceder, até realmente demonstrar que as necessidades do outro contam tanto quanto as suas.

....
....
....

Nessa maneira de dizer "não", o que mais toca a outra pessoa é a sua capacidade de estar conectado(a) e em paz com as suas necessidades, mostrando-se ao mesmo tempo sinceramente preocupado(a) com as dela e com o que o seu "não" provoca nela.

O sentido profundo dessa forma de dizer "não" é dizer "sim" ao ser humano, e não à estratégia dele, e demonstrar isso por meio das nossas palavras e atitudes.

Noções-chave:

- Se não estivermos focados(as), é impossível fazer com que o nosso "não" saia facilmente e também seja aceito com naturalidade.
- Dizer "não" fica mais simples quando conhecemos claramente as necessidades às quais dizer "sim".
- Com frequência é útil refletir sobre as necessidades que nos levam a dizer "não", bem como procurar descobrir necessidades sexy. De fato, quanto mais profundas forem as necessidades que exprimirmos, mais elas comoverão o nosso interlocutor, o que o levará a encarar melhor a nossa recusa.
- Quando estamos divididos e não o admitimos, muitas vezes isso é malvisto, porque nossa atitude se mostra ambígua.
- Dizer "**mas**" anula o que precede, dizer "**e ao mesmo tempo**" completa o que precede.
- Todos os "sins" ditos a contragosto são tóxicos, pois causam desânimo, raiva, tensões e perda de autoestima.

- Uma criança percebe bem cedo que comportamentos seus lhe trazem amor ou provocam rejeição por parte dos outros. Por isso, com medo de não ser mais amada, ela se acostuma a recalcar algumas partes de sua personalidade. Chamamos essas partes reprimidas de "eu perdido". Aliás, ela desenvolve ao mesmo tempo qualidades que lhe proporcionam afeição, aprovação e apreço. Chamamos esse eu de "eu falso". Até certo ponto, esse processo é natural. Porém, se ele for exagerado, a criança acaba perdendo a si mesma, sacrificando sua autenticidade, amor-próprio e alegria de viver...

Essa última noção me leva a sugerir que você responda a duas questões **CAPITAIS**:

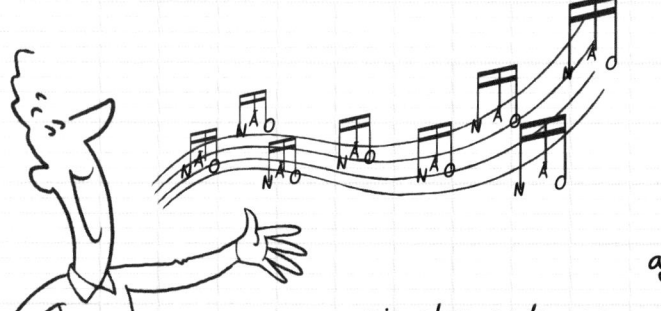

- Você sabe quanto tempo você passa todo dia procurando agradar, em vez de ser simplesmente quem você é?
- Você tem consciência de alguma parte do seu "eu falso" que gostaria de abandonar ou de pedaços do seu "eu perdido" que gostaria de reconquistar?

Que tal se você explorasse agora o prazer de preparar (e, quem sabe, talvez dizer?) um não que, nunca na sua vida, você se permitiu exprimir...? Se for o caso, antecipe uma cena que poderia acontecer e na qual o condicionamento que você recebeu desde a infância o(a) faria dizer sim, embora você não tenha a menor vontade de concordar!

Anote aqui como você vai proceder para **ENFIM OUSAR DIZER NÃO**: realize por escrito as cinco etapas do não.

Como você se sente com a ideia de correr um risco que você escrupulosamente evitou até hoje: o de provocar fortes reações...?

A propósito, você sabia que, em medicina, chama-se de **tipo C** as personalidades que não ousam muito provocar fortes reações? Já foi provado que elas têm menos facilidade para lutar contra cânceres, pois seus <u>Natural killers</u> (os glóbulos brancos que eliminam do corpo os vírus, os cânceres...) são menos numerosos e menos eficazes.

Então, para terminar, observe a seguir um último exercício:

Pergunte-se:

Como seria minha vida se eu nunca tivesse medo do que dissessem ou pensassem de mim?

Desenhe e sinta essa nova vida:

HA HA VÃO EM FRENTE! TÔ NEM AÍ!

Minha vida sem medo de ser julgado(a)

Conclusão

Espero que a leitura deste caderno tenha permitido que você comprove que se afirmar e ousar dizer "não" fortalece a sua liderança pessoal, delicadeza de expressão, audácia de encarar desafios, alegria de viver e, sobretudo, autoestima.

E, se um dia a coragem necessária para ser assertiv(d)a) deixar você na mão, lembre-se de que:

PINTE A FRASE:

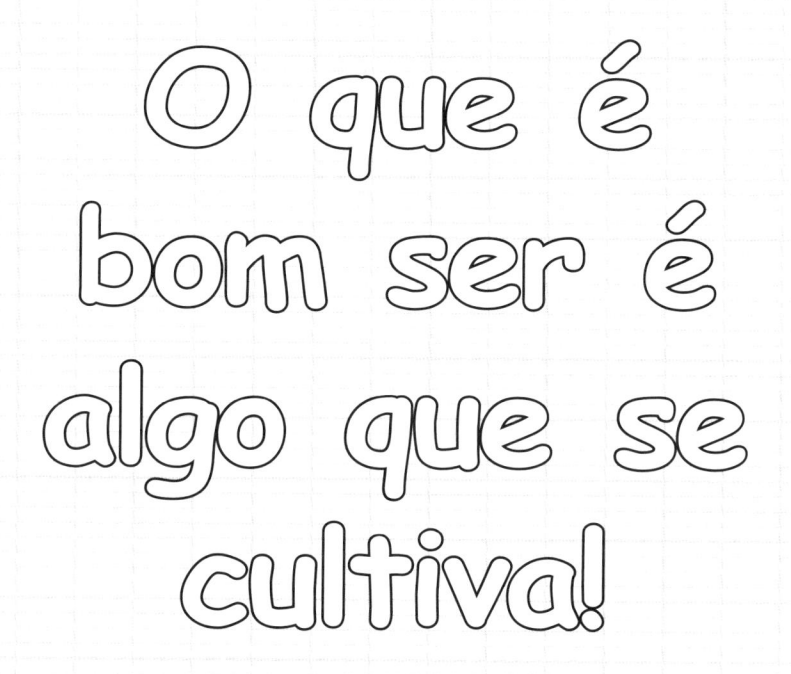

O que é bom ser é algo que se cultiva!

E volte pacientemente ao trabalho, pois você se tornará o que você repetir todo dia.

Bibliografia

COVEY, S. *Os 7 hábitos das pessoas altamente eficazes*. Rio de Janeiro: Best Seller, 2001.
HENDRIX, H. *Todo o amor do mundo — Um guia para casais*. São Paulo: Cultrix, 2003.
VAN STAPPEN, A. *Petit cahier d'exercices de Communication NonViolente®*. Genebra: Jouvence, 2010.
_____. *Ne marche pas si tu peux danser*. Genebra: Jouvence, 2009.

Agradecimentos: Agradeço à energia da vida, que me permitiu conhecer Anne Bourrit e Marshall Rosenberg, meus professores de CNV. Esse processo de comunicação me encanta no cotidiano, pois ele me ensinou uma forma simples e magistral de me exprimir plenamente, respeitando ao mesmo tempo cada um e, portanto, preservando ao máximo meus relacionamentos.

Endereços

Para mais informações sobre o Centro de Comunicação Não Violenta (*Center for Nonviolent Communication*) e a Comunicação Não Violenta, não hesite em visitar o site europeu **http://nvc-europe.org** ou os sites americanos: **www.cnvc.org** e **www.nonviolentcommunication.com**.
Para qualquer informação adicional, você pode entrar em contato com o:
Centro Internacional de Comunicação Não Violenta
PO Box 6384 — Albuquerque, Novo México 87197
Tel.: +1 505 244 4041
Website europeu: www.nvc-europe.org
Na Bélgica: **cnvbelgique@skynet.be**
Na França: **acnvfrance@wanadoo.fr**
Na Suíça: **info@cnvsuisse.ch**
Websites americanos: **www.cnvc.org** e **www.nonviolentcommunication.com**
Nos Estados Unidos: **cnvc@cnvc.org**
Para entrar em contato com a autora Anne van Stappen:
E-mail: **avs@annevanstappen.be** — Site: **www.annevanstappen.be**

Lista de sentimentos

Sentimentos experimentados quando nossas necessidades são satisfeitas
À vontade, aberto, acalmado, admirativo, afogueado, alegre, alimentado, aliviado, amoroso, animado, apaixonado, apaziguado, ardente, arrebatado, atordoado, bem disposto, borbulhante, brando, calmo, caloroso, cativado, cheio de esperança, cheio de motivação, comovido, compassivo, comprometido, concentrado, confiante, consolado, contente, curioso, descansado, descontraído, desperto, despreocupado, determinado, dinamizado, dividido, eletrizado, em êxtase, em harmonia, em segurança, emocionado, empenhado, empolgado, encantado, enérgico, enfeitiçado, enlevado, enternecido, entusiasmado, envolvido, espantado, estimulado, exaltado, excitado, expansivo, exuberante, fascinado, feliz, focado, forte, fulgurante, grato, incentivado, inspirado, interessado, íntimo, intrigado, jocoso, jovial, jubiloso, leve, liberado, livre, maravilhado, moderado, orgulhoso, otimista, pasmo, pronto para o que der e vier, quieto, radiante, realizado, receptivo, reconfortado, refrescado, regenerado, regozijante, relaxado, renovado, revigorado, saciado, sapeca, satisfeito, seguro de si, sensibilizado, sensível, sereno, siderado, sossegado, surpreso, tocado, tranquilo, vivaz.

Sentimentos experimentados quando nossas necessidades estão insatisfeitas
Abalado, abatido, aborrecido, aflito, afobado, agitado, alarmado, amargo, amedrontado, angustiado, ansioso, apreensivo, arrasado, assombrado, assustado, aterrorizado, atolado, atormentado, atrapalhado, aturdido, bloqueado, bravo, cansado, cético, chacoalhado, chateado, chocado, com mal-estar, com raiva, confuso, consternado, constrangido, contrariado, crispado, deprimido, desamparado, desanimado, desapontado, desconcertado, desconfiado, descontente, desesperado, desestabilizado, desfavorecido, desiludido, desligado, desmoralizado, desnorteado, desorientado, despedaçado, dilacerado, distante, dividido, em pânico, emocionado, enojado, enrolado, entediado, entorpecido, envergonhado, envolvido, esgotado, esmagado, estressado, estupefato, exasperado, exausto, extenuado, faminto, fatigado, ferido, fora de si, frágil, frustrado, furioso, hesitante, horrorizado, impaciente, impotente, incerto, incomodado, incrédulo, indeciso, indiferente, infeliz, inquieto, insatisfeito, insensível, intrigado, irado, irritado, magoado, mal, melancólico, moroso, na defensiva, nervoso, oprimido, paralisado, pasmo, perdido, perplexo, perturbado, pesado, pessimista, preocupado, prostrado, ranzinza, reservado, resignado, reticente, saturado, sedento, sem fôlego, sem forças, sentido, sobrecarregado, sofrido, sombrio, sozinho, surpreso, tenso, transtornado, triste, ultrapassado, vacilante, vazio, vexado, vulnerável, zangado.

Palavras que se deve evitar, pois contêm juízos de valor dissimulados
Abandonado, acossado, acusado, agredido, ameaçado, aprisionado, assediado, atacado, baixo, burro, caluniado, coagido, criticado, culpado, deixado de lado, desprezado, desvalorizado, detestado, diminuído, dominado, duvidado, encurralado, enganado, errado, esquecido, estúpido, explorado, forçado, humilhado, idiota, ignorado, iludido, importunado, incapaz, incompetente, indesejável, indigno, insultado, isolado, jogado para escanteio, julgado, lamentável, largado, logrado, ludibriado, mal-amado, maltratado, manipulado, medíocre, não aceito, não compreendido, não ouvido, não visto, obrigado, ofendido, passado para trás, pego em flagrante, pego numa cilada, perseguido, pressionado, provocado, rebaixado, rejeitado, repudiado, ridicularizado, roubado, sem a devida consideração, sem importância, sem valor, sufocado, sujo, traído, trapaceado, usado, vencido, violentado, zombado.

Lista de necessidades (inspiradas em Max Neef)

Autonomia
Apropriação de seu poder — Autoafirmação — Desapego — Descoberta — Escolha, determinação de seus sonhos, objetivos e valores — Espaço para si — Espontaneidade — Exploração — Independência — Liberdade — Poder em conjunto — Poder sobre si mesmo — Senso de seu valor

Celebração
Compartilhar alegrias e tristezas — Celebrar a vida, as realizações, os lutos e as perdas (entes queridos, projetos...) — Dar graças

Integridade
Autenticidade — Autoestima — Conexão consigo mesmo — Confiança em si — Conhecimento de si — Desinteresse — Equilíbrio — Foco — Honestidade — Respeito por si mesmo, pelo seu ritmo, seus valores — Segurança — Senso do seu lugar — Senso do seu próprio valor

Interdependência
Abertura — Aceitação das diferenças — Acolhida — Afeição — Ajuda — Amizade — Amor — Apoio — Apreço — Atenção — Benevolência — Bondade — Carinho — Colaboração — Compaixão — Comunicação — Concertação — Conexão — Confiança, tranquilidade — Confidencialidade — Consideração — Contato — Continuidade — Dar e receber — Delicadeza — Diálogo — Discrição — Empatia — Escuta — Estabilidade — Exatidão — Expressão — Fiabilidade — Fidelidade — Generosidade — Gratidão — Honestidade —

Igualdade — Intimidade — Justiça — Neutralidade — Participação — Presença — Proximidades — Reciprocidade — Reconforto — Relacionamento — Respeito — Segurança — Sentimento de pertencer — Sinceridade — Tolerância — Transparência — Troca

Revigoramento
Alegria — Bem-estar — Brincadeira — Calma — Conforto — Conhecimento — Cuidados — Descontração — Distração — Equilíbrio — Esperança — Estabilidade — Estímulo — Estrutura — Expressão — Fantasia — Festa — Humor — Integração — Intimidade — Prazer — Relaxamento — Riso — Sensibilidade — Soltar a franga — Suavidade — Toque, ser tocado — Tranquilidade

Sentido
Ação — Adequação — Aprendizagem — Clareza — Coerência — Compreensão — Conhecimento — Consciência — Contribuição para a vida — Crescimento — Criatividade — Desenvolvimento — Direção — Discernimento — Energia — Estabilidade — Estrutura — Evolução — Expressão — Fazer o melhor uso de — Finalidade — Gosto por experimentar a intensidade — Inspiração — Mudança — Objetivo — Orientação — Participação — Realização — Senso — Sentir a vida dentro de si — Vitória pessoal

Subsistência
Água — Ar — Atividade física — Comida — Espaço — Evacuação, eliminação — Luz — Movimento — Preservação — Proteção — Repouso — Reprodução — Respiração — Saúde — Segurança — Um teto — Vitalidade

Transcendência
Amor — Beleza — Consciência — Espiritualidade — Harmonia — Inspiração — Interioridade — Ordem — Paz — Presença — Sabedoria — Sagrado — Ser — Serenidade — Silêncio — Simplicidade

Acesse a coleção completa em

livrariavozes.com.br/colecoes/caderno-de-exercicios

ou pelo Qr Code abaixo